美好人生从音乐开始

你热爱音乐吗？你知道什么是“莫扎特效应”吗？
音乐让我们的灵魂被温柔地抚慰，
让我们的疲累被悄悄地驱散，音乐是我们快乐生活的源泉。
想让你的孩子拥有最美好的前程吗？让他听音乐吧！
每一位准妈妈倘若在宝宝混沌初开之时，
立即将他带入高雅的音乐殿堂，
那么，妈妈和宝宝，不仅能享受到无与伦比的精品音乐美，
而且还会得到由美妙的音乐旋律、
音乐节奏及音乐语言组成的特殊精神养分。
这些看不见的精神养分，会流淌在宝宝的血液中，
充分滋润着宝宝的每一个细胞，
促使宝宝形成完美的人格、高雅的品位及超群的智慧。
古往今来，多少酷爱音乐或视音乐为生命的中外名人，
都是这样叩开事业的成功之门！
他们是用音乐写小说的伟大文学家罗曼·罗兰
和喜爱音乐胜过一切艺术的列夫·托尔斯泰；
受音乐启迪而触动灵感，
提出相对论的伟大科学家爱因斯坦
和音乐使思维更广阔的中国“导弹之父”钱学森；
把音乐看成是一生支柱的伟大政治家列宁
和几乎与肖邦齐名的波兰总理帕德雷夫斯基……
没有艺术的生活，就如同荒野一样。
为了使孩子的一生幸福快乐，
准父母们应该及早培养孩子的音乐细胞，
为孩子创造美好的人生！

Contents 目录

PART ONE

婴幼儿教育，从母亲体内起步

“人类智慧的发展具有所谓关键的重要时期，如果我们能够对儿童施以适当的早年经验和充分的环境刺激，则必然可以促进并提高儿童智商的程度。”

心理学者——韩特（MC V.Hunt）

一 早期教育的起点——胎教

“胎教”一词源于古代，《辞海》《辞源》中都有关于胎教的解释。它是幼儿早期教育的起点，孕妈妈的衣、食、住、行等方方面面，都会对胎儿产生一定的影响，最终集合成胎教的内容。

1 胎教的概念

从广义上讲，胎教就是在妊娠期间，除了要重视母体的健康和营养外，还要给孕妈妈创造优美的环境。通过母亲与胎儿正常的信息交流，使胎儿受到良好的宫内教育，促使胎儿身心健康地生长发育。

狭义的胎教，指妊娠期间，在加强孕妈妈精神、修养和教育的同时，重点通过母体，从胎儿5个月具备听觉能力开始，直接对其实施定期、定时的声音和触摸刺激，如胎谈、父母的爱抚、听音乐、运动等，以刺激胎儿的感觉器官，激发胎儿大脑和神经系统的有益活动，对胎儿进行早期教育。

现代科学胎教是集优生和优教于一体的实用科学，它是指从怀孕开始，科学地控制孕妈妈的体内外环境，防止不良主客观因素对胚胎或胎儿的影响，提供优良条件，有意识地给胎儿感觉器官以良性刺激，促进胎儿大脑发育、身心健康，为智力发育及健康成长奠定良好的基础。

从总体上讲，胎教主要包括孕妈妈的孕期保健、外界环境对孕妈妈的影响和孕妈妈的情绪波动，其中母亲良好的精神状态尤为重要。美国著名医学专家托马斯的研究结果表明，在妊娠6个月左右，胎儿的脑细胞数就已接近成人，各种感觉器官趋于完善，对母体内外的刺激能做出一定的反应，尤其能识别母亲的情绪变化。当母亲情绪稳定时，胎儿就会产生安全感；母亲躁怒时，胎儿就处于不良状态，这种不良状态对胎儿和新生儿的发育极为不利。科学证实，妊娠合并症之类的身体性疾病与胎儿发育不良及致死性疾病之间的比率为1：0，而孕妈妈绝望时为4：0，夫妻吵架时为6：0。因此，为了给胎儿营造一

个和谐的环境，孕妈妈必须时刻注意自己的心理卫生及母子心理感应，这正是胎教的实质。

孕妈妈的情绪与胎儿息息相关

通过胎儿镜和B超等可以得知，胎儿5个月时，听觉系统基本发育完善，到了6、7个月，就能较细致地辨别母亲的情感。母亲心情愉快，胎儿在子宫内接受的是“悦音”，反之，胎儿接受的是“噪音”。

母亲的情绪活动，通过神经体液的变化，直接影响胎儿的血液供养、呼吸与胎动等变化。平和的情绪有助于孕妈妈分泌健康激素和酶，起到调节血量和兴奋神经细胞的作用，能够改善胎盘的供血状况，增强血液中的有益成分，使胎儿向着理想的方向发育成长。而孕妈妈在过度紧张、悲痛、忧虑时，大脑皮层的高级神经活动和内分泌代谢功能就会发生变化，造成胎儿发育缺陷。

孕早期，孕妈妈产生的将为人母的喜悦感、幸福感和自豪感等一系列有益的心理反应均有利于胎教。但有早孕反应的孕妈妈，因恶心、呕吐、眩晕、食欲不振等产生种种不良情绪，如担心妊娠失败甚至厌恶妊娠，害怕胎儿畸形、流产及恐惧分娩的痛苦，这都对胎教不利。

到了孕中期，孕妈妈的生理和心理适应了孕期的各种变化，情绪渐趋稳定，早孕反应减轻或消失了，食欲和睡眠也恢复正常，尤其是胎动的出现让孕妈妈倍感安慰。这些都对胎儿非常有利。

孕晚期，由于胎儿生长发育加快，母体会感到疲劳，行动不便，同时为分娩和胎儿的健康担忧，这些情绪不利于胎教。

为了孕育一个聪明、健康活泼的孩子，孕妈妈务必学会自我心理调节，加强自身修养，给予腹内胎儿更多情感关怀。同时，丈夫也要为妻子创造一个安静、舒适、清洁的生活环境，多给孕妈妈一些良性的心理刺激，尽可能避免逆性刺激。

2 胎教对婴幼儿生长发育至关重要

现代科学认为：孕妈妈血液中化学物质的变化对胎儿的大脑发育有着显著的作用。因此，受过胎教和未受过胎教的孩子有很大的区别。

胎教正是母亲把内心的全部希望综合归纳后传授给胎儿，胎儿把接收到的信息储存起来，在自己的人生中去逐步实现。如果孕期胎儿多受到父母的良好诱导，他们的大脑在形成和发育过程中，编入的都是父母的优秀品性信息，因而多能继承父母的优点。

胎教能开发出胎儿潜在的优良品行。未经胎教的胎儿难免会受到不良影响，从而诱发了缺点的产生。胎教儿明显较未经胎教的孩子精力充足、活泼、漂亮、有灵气，他们一般比较早熟，如说话早、悟性高、懂事快等。

胎教能给孩子真、善、美的启发，所以胎教儿有积极的生活态度，较强的正义感和包容心，他们大都独力生活能力强，适应力强，极少任性。而且，受过胎教的胎儿出生后身体健康，体内营养充足，很少有不适感，睡眠良好，较少哭闹。

另外，音乐胎教更是能够促使宝宝乐感强、智商高，热爱音乐，具有丰富的想象力和创造精神。

注：科学研究证实，胎教虽能促进胎儿在智力、个性、情感及动作、行为、适应力等方面的发育，让幼儿在学习行走、说话及反应灵敏度、记忆力等方面均优于没受过胎教的儿童。胎儿出生后的身心发育更多地取决于后天的继续教育、遗传和家庭社会环境等因素，以及个人兴趣、意志、品德等非智力因素。胎教只是为婴幼儿的智力发育打下良好的基础，不可能把婴幼儿培养成所谓的小神童或小天才。

3 胎儿的五种感觉和两种能力

(1) 胎儿的五种感觉：触觉、听觉、嗅觉、味觉、视觉

生理学家研究证实：胎儿具有五感，即触觉、听觉、嗅觉、味觉、视觉。这五感是人类大脑智力活动的基础，在促使大脑作用发展上起着重要作用。但这五感在胎儿期只是发达到一定程度，真正的成熟是在出生后的成长过程中逐渐完成的。触觉和听觉大体在胎儿期完成。在五感中，最先发达的是触觉，从妊娠3～4个月开始形成部分皮肤感觉，用脚踢母亲的腹部也是因为皮肤感觉发达的缘故。这种皮肤感觉，从出生之后开始，在同母亲皮肤接触上发挥着重要作用。与皮肤感觉并行，听觉也是早期发达的，胎儿5个月左右，能够听到宫外声音。视觉是最高等感觉，它不仅是观看，还包括有远近、立体、色感等复杂的作用，因此比其他感觉迟缓得多，要到七岁时才完成。

❤ 触觉

胎儿的触觉出现得最早，甚至早于感觉功能中最为发达的听觉。由于宫内黑暗的环境限制了视力的发展，所以胎儿的触觉和听觉就更为发达。

妊娠第2个月时，胎儿就能在羊膜内滑动。等胎儿再长大一些，隔着母体触摸他的头、臀部或身体的其他部位，他就会做出相应的反应。医学家用内窥镜观察到，如果用一根小棍触动胎儿的手心，他马上就能握紧拳头作出反应；碰足底，脚趾就会动弹，胎儿的膝和髋也可以曲动。而接触到嘴唇时，他会嘟起小嘴做出吮吸反应。

4个月时，当母亲的手在腹部摸触到胎儿的脸时，他就会做出皱眉、眯眼等动作。如果在腹部稍微施加一些压力时，他立刻就会伸小手或者小脚回敬一下。更为有趣的是，国外一些研究人员根据超声波图像报道，生活在宫内的男

胎儿阴茎居然能够勃起。这一切都充分地说明了胎儿触觉功能的存在。

胎儿在早期时，如果他的手触及到嘴，他的头就会歪向一侧，并且把嘴张开。胎儿长大后，出现类似情况时会把手伸到嘴里去吮吸，有时也会抓住脐带往嘴边送，这些动作使胎儿感到很快乐。可见，胎儿在母体中，已经是运动“小健将”了。

胎儿的触觉对于运动胎教的实施非常有利。通过触摸训练，我们就可以对其进行运动胎教，使胎儿手、脚的灵活性得到锻炼。

❤ 听觉

胎儿生活在羊水里，外面除了羊水、羊膜外，还有绒毛膜、子宫、母亲的腹壁等层层设防。胎体虽深居“宫中”，但当长到6个月左右时，就能清楚地听到各种声音，如母亲子宫内血液的流动声、肠道的蠕动声、心脏跳动声、骨骼的运动声，父母的对话声等等，并能对各种“宫外音”产生不同的反应。

曾有人做过这样的试验——在音乐会上，当孕妈妈沉醉于优美的乐声中时，胎儿也在母腹内尽情地倾听，并做着规律的活动。当演奏完毕，爆发出热烈的掌声时，胎儿立即受惊般地加速活动，心率也急剧加快。

也有人尝试在婴儿室内播放母亲子宫的血流及心跳声的录音，发现正在哭泣的新生儿立即安静下来，情绪稳定，饮食与睡眠也好，而且体重增加迅速。这是因为，胎儿在母亲腹内听惯了这些声音，由于“印刻反应”，一旦再重复听到就会激起新生儿的安全感和亲切感。以上试验观察表明，胎儿确实具有分辨响声和接受外界信息的能力。正是由于胎儿具有听觉功能，父母才得以对其进行各种积极正确的胎教行为。

❤ 嗅觉和味觉

早在妊娠第2个月，胎儿的鼻子就开始发育，到第7个月时，鼻孔就能与

外界相互沟通。但由于胎体被羊水所包围，所以他虽然已具备了嗅觉，却无以施展，其嗅觉功能自然也就不可能得到较大的发展。可一出生，胎儿的嗅觉就派上用场了，新生儿在吃奶时能闻出母亲的体味，而且以后只要他一接近母亲就能辨别出来。

同鼻子一样，胎儿的味觉也发育于妊娠第2个月。在妊娠4个月时，胎儿的味蕾就已发育成形。尽管羊水稍具咸味，胎儿还是能够喝得津津有味。胎儿的味觉神经乳头在孕期第26周形成，从第34周开始，胎儿喜欢带有甜味的羊水。新西兰科学家艾伯特·利莱曾做过一个试验：如果把糖注入羊水中，胎儿会喝入更多羊水；但如果向子宫内注入一种怪味油，胎儿立即停止吸入羊水，并开始在腹内乱动，表示强烈抗议。由此证明，胎儿的味觉已经发挥作用了。

❤视觉

胎儿的视觉在妊娠3个月左右开始形成，但在大部分时间里，胎儿都不愿睁开眼睛，只有在8个月时，才尝试着睁开眼睛。这时，胎儿所能看到的仅仅只是母体内运动着的羊水。看到这些或许让他们觉得外面的世界太过单调，因此这个月之后，胎儿会再次紧闭自己的双眼。

胎儿虽然不愿意看，但对光却非常敏感。胎儿4个月的时候，就对光有反应，母亲进行日光浴时，胎儿就可感觉光线强弱的变化。胎儿入睡或变动姿势时，他们的眼睛也在活动。假使孕后期能将光送入子宫内，胎儿就会增加眼球的活动次数，在多次强光的照射下，胎儿会安静下来。通过脑电图我们还可以看出脑对光照产生的反应。用B超仪观察，发现当电光在孕妈妈腹部一闪一灭地照射时，胎儿的心率也会随之出现剧烈变化。

新生儿的视觉并不特别敏感，而且视野较窄，但如果把一样东西放在他的眼前，他还是能够十分清楚地看到那件东西。他能在离自己15～30厘米处分清自己母亲表情的变化。

(2) 胎儿的两种能力：感知能力、记忆能力

♥ 感知能力

日本幼儿开发协会理事长井深大先生曾经利用B超仪观察过令人吃惊的胎儿活动，并同执业30年的妇科医生夏山英一先生一起看了这组显示胎动的B超声波图像。

一位孕妈妈正在做B超时，突然听到护士说羊水破了，她吓得失声痛哭起来。这时医生从映像上发现，胎儿随母亲情绪变化做出吃惊的动作，继而痛苦直至全身抽搐，母亲和胎儿之间的情感步调几乎达到了一致。由此可见，胎儿具有较强的感知能力，这是一种很微妙的能力，它能清楚地辨别出母亲的情绪、感情等一系列心理活动。有研究者根据大量相关信息指出，胎儿对母亲的感知主要是通过一种复杂的神经激素来实现的，正是它使胎儿获得对母亲的感知能力。

大脑作为人的行为与思维的指令机构，它所感知的事，是在与大脑皮层直接相连的下丘脑的作用下转化为情感的，这种情感继而会转化为躯体的感觉。胎儿在6个月前所受到的影响，大部分都是作用在躯体上，他的意识很少受到应激反应的影响。这主要是因为胎儿在6个月前还不具备先感知后分析、并感应母亲情感的能力。**6个月后，胎儿才开始具有明确的自我意识，并能把感觉转换为情绪。**这时，母子的情感信息才得以息息相通。

胎儿就像一台不断被存入程序的计算机，最初只是具有极其简单的情绪方程式。但是随着记忆和体验的加深，就渐渐拥有了极其复杂的思维线路，感知能力也随之形成。正因为胎儿具备了感知能力，才使得我们的胎教活动有了意义。

♥ 记忆能力

在出生前数月内，胎儿的行为渐趋复杂、成熟。这是因为迅速增大的记忆储存促进了自我形成，并开始引导胎儿行为的发展。

曾经有过这样一个案例。有个从未出过国的3岁小孩在人群中大讲异国风光，开始家长和周围的人都不信，但小孩所说竟然大部分属实。究竟他是怎么知道的呢？原来他母亲在怀孕期间曾去过那个国家旅游，当时母亲把感知的信息传输给了胎儿，胎儿接到了这些愉快的信息马上储存到自己的记忆中，并牢牢地记住了。人们正是利用了胎儿的听觉和记忆力，培养了许多的音乐天才。如，前苏联著名小提琴家列昂尼德·科根4岁的儿子竟然奏出无人教过的乐曲。

胎儿期的良好记忆，会为胎儿出生以后的成长开拓出一条终生奋进的道路，而不良记忆同样也会使一个人受害终身。前西德医生保罗·比库博士曾治疗过一位男性患者，他总是处于一种惶恐不安的精神状态之中。因为他的母亲在怀他7个月时，企图用热水浴堕胎，尽管他不记得母亲当时的意图，这个发生源也没有在患者的记忆中储存，但它所产生的恐怖感却在患者身上根深蒂固，数十年来一直潜在地支配着他的行为。

因此，准父母们在胎儿期一定要给胎儿良好的影响，让他（她）的头脑中留下美好的记忆，以获得积极的人生态度。

4 什么时间进行胎教最适宜

人脑的发育分两大时期，第一时期是脑细胞分裂时期，也就是胎儿在母体中的孕育阶段，从出生的那一刻起，人脑的细胞量就已确定了，此后只减不增。第二个时期是由0～3岁，连接各脑细胞的神经纤维交错伸展。如果把脑细胞比作电话，那么神经纤维就像是连接140亿个电话机的电话线。胎教可以看成是增进孕妈妈由体外向宫内输入信息，并进行信息交流的媒介。

在受孕25天后，外胚细胞就形成了神经管，脑开始发育。孕2月，脑的外部结构和内部结构发生变化。孕4月，大脑皮层开始萌芽。孕5月，大脑皮层长成。孕6月，大脑皮层形成分层和划分出不同区域，此时大脑皮层还是光滑的。孕7月，大脑皮层上出现了皱褶，代表了智慧的萌生。孕8月，大脑体积明显增大，脑的结构也进一步复杂化。到了孕9月，大脑已差不多具备了所有的沟回。由此可见，**实施胎教应从孕1月开始。在大脑开始形成时，就应给予充分的营养和适当的信息诱导。从第4个月，即大脑皮层形成时，胎教就该进入正规训练阶段。适宜的诱导和积极的开发能使大脑更好地发育，大脑越发育，大脑皮层的沟回相应就会越多，孩子也就越加聪明。**反之，孕妈妈在孕期营养不足，缺乏适当的信息诱导，孩子出生后就会出现发育迟缓、智力低下的现象。

5 胎教的基本程序

胎教的实施，既不需要什么特别专业的知识，也不需要任何专门器械，在任何家庭中都可以进行。著名的“斯瑟蒂克式胎教法”将胎教的基本程序分为孕前期和孕后期两个部分，从受孕到怀孕4个月为孕前期，从第5个月到分娩为孕后期。它的基本方式就是妊娠中的母亲把听到的、看到的、想到的事物通过自己的声音、身体变化、心理状态传递给胎儿，接受了这些信息的胎儿在出生时就会具有一种智力，至少具有某种素质。

“斯瑟蒂克式胎教法”认为，胎教程序的制订要“顺其自然”，即制订出与自己生活周期相适应的课程表，再选择适合自己的素材。各个主题的素材，要尽量适应孕妈妈本人的习惯和感觉，同时这些胎教内容应该贯彻情感美、艺术美、形象美、环境美等四大美育原则。

孕前期

①通过“子宫对话”进行胎教。

②给胎儿讲故事。

③听音乐、唱歌。

孕后期

①基本汉字和基本英文字母的读、写。

②数字、加减法运算和识别图形。

③讲图画书上的或自编的故事。

④进行音乐、歌曲、乐器的学习。

⑤自然科学的学习。

⑥由准爸爸讲授社会与自然科学方面的知识。

6 妊娠10个月胎教的具体内容

0~1月： 常散步，听乐曲，调节早孕反应，避免劳累和不良环境。

丈夫应主动承担家务，常陪妻子消遣，保持居室清洁，尽量少饮酒或不饮酒，不在妻子面前抽烟，节制房事。

1~2月： 散步、听音乐。做孕妈妈操，避免剧烈运动，不与宠物接触，排除噪音，调节情绪，制怒节哀。禁房事。

2~3月： 做胎儿体操，让胎儿每次感觉5~10分钟的爱抚、按压。常听音乐。孕3月最易流产，禁止剧烈运动、旅行劳顿等，避免劳累，注意安静。

丈夫应助妻子调摄饮食，优化环境。

3~4月： 做胎儿体操，听音乐或哼唱。多看家庭幽默类书籍，以活跃家庭气氛，增进夫妻情趣。

4~5月： 做胎儿体操：主动轻抚腹部，给胎儿放几分钟欢快乐曲。早、晚与胎儿打招呼等。少食多餐，合理调补，注意不要贫血。做好授乳准备和乳头的保养。备置育儿和产妇用品。

准爸爸可将报纸卷成筒状，与胎儿轻声对话或给胎儿念诗文。

6~7月： 做胎儿体操。给胎儿讲画册，描述色彩及动物的形象、运动、性格特点。

丈夫应多陪妻子散步、听音乐、看电视（不要看剧情太激烈的）、看艺术展、玩游戏等，以松弛压力、增加愉快感。

7~8月： 做胎儿体操。父母要多与宝宝沟通，向宝宝传达生活趣事，并告诉他就要出生了，将降生在一个幸福和谐的家庭，一个繁荣的时代。

8~9月： 做胎儿体操，和胎儿一起欣赏音乐。适当延长胎教时间，增加胎教内容。少吃多餐，合理调补。少饮水。

9~10月： 胎教正常进行的同时，孕妈妈应了解一些分娩知识，消除害怕心理。

二
早教迈进21世纪 4Q多元教育时代

这是目前世界上仍在继续的一个最了不起的教育实验！一对普通的犹太父母，忍受种种常人难以忍受的困难，坚忍不拔地用了30余年时间探索出了一套独一无二的教育方法，将他们的三个女儿培养成了三位惊世骇俗的顶级国际象棋天才，创造了“一个家庭对抗一个世界”的神话。大女儿苏珊1996年战胜中国名将谢军，成为第8位象棋女子世界冠军；二女儿索非亚、三女儿朱迪均成为世界历史上最强大的女棋手。这个史无前例的家庭教育实验，虽造就的是三位世界棋杰，但她们的父母深信：这种方法同样可以造就出其他类型的杰出人物。

这个神话般的家庭教育实验，虽然只是培养象棋专才的典型案例，但它仍具有普遍的借鉴意义。

拉斯洛夫妇虽然执著于儿童的“早期专业化”，但决不是要将孩子培养成“象棋机器”，相反，他们非常重视培养孩子全面发展所需的各项综合素质，不只是局限于智力上的培养。他们努力营造温馨友爱的家庭环境，让女儿拥有健康的人格和心智；他们也注重体能的训练，培养女儿的运动兴趣……

也许，人们会认为，他们的孩子一定有超乎常人的天赋，但拉斯洛反驳道：“对于孩子来说，最重要的是教育而不是天赋。孩子成为天才还是庸才，不是取决于天赋高低，而是取决于生下来后零到四五岁时的教育。诚然，孩子的天赋是有差异的，然而，这差别是有限的。**所以，即使是普通的孩子，只要教育得法，也能成为天才！**”

美国心理学家布仑姆（B.Bloom）经过长期研究也得出这样的结论：如果人类的智慧到17岁左右便发展到成熟的程度，则一个人在1岁时，其智慧便至

少发展至20%，在4岁时便发展到50%，在8岁时达到80%，在12岁时便达到92%，17岁时才达成100%。此外，一个儿童在4岁以前如果不幸处于贫乏、恶劣或缺乏教养的环境中，那么每年便会降低智商2.5之多，而且这种损害以后永远无法补救。

由此可见，4岁以前是一个人智慧发展的关键时期，对于孩子以后的发展影响至关重要。那么，应该对孩子进行怎样的教育呢？什么是最有效的教育方法？

现在，国际上最新的教育已经大踏步进入了4Q多元教育时代。**所谓4Q，是指IQ（智商）、EQ（情商）、PQ（运动智商）及MQ（道德情商）。**4Q教育兴起于欧洲，目前为各国教育界普遍接受和采用，成为最科学最系统的婴幼儿成才解决方案。

望子成龙的天下父母，渴望培养高素质宝宝的梦想，已不再是奢望！只要我们用最科学系统的方法，把握宝宝最重要的时期来加以教育引导，即使不能培养像莫扎特那样的天才，早期的教育也足以影响他将来的成就，甚至改变他的一生。

父母们，为了孩子的健康成长，为了他幸福美好的未来，就让我们从现在开始，对他进行EQ、IQ、PQ、MQ全方位素质教育吧！

三 音乐教育给孩子先飞的翅膀

在宝宝的早期教育中，父母总会运用多种形式尽可能地促进宝宝的发育。但对于幼小的宝宝而言，没有比艺术教育更适合他们的了，而在艺术的殿堂上，进行音乐启蒙及开发当属最佳。

因为，0～3岁的小宝宝还没有发育完全，学习舞蹈或画画有可能伤害到宝宝的四肢及手指的筋骨。但音乐不仅不会伤害到宝宝，而且还能促进宝宝健康快乐地成长。并且，宝宝接触音乐越早，对宝宝越有益处。经研究，凡是受过音乐教育的孩子，他们的智力都有相应的提高，这是因为音乐能刺激他们的大脑皮质，促进脑细胞的发育及脑功能的提高。人的大脑左右两半球具有不同的功能：左半球的功能主要是语言、书写文字、计算等，侧重于逻辑思维，又称“逻辑半球”；右半球的功能主要是艺术活动、空间图形认知等，侧重于形象思维，又称“情感半球”。人类在长期的发展中形成了左脑较右脑更为发达的不平衡结构。鉴于此，如果尽早对宝宝进行音乐教育，不仅可增进宝宝的乐感，还能开发宝宝的右脑，从而使左右脑功能平衡。

音乐对宝宝的作用是全脑的开发，对宝宝的教育是潜移默化的，不知不觉影响他们的情感、趣味、气质、情操、胸怀，对精神世界也有更深层的影响。比如，一首优美动听的歌曲、一首气势如虹的乐曲，都能启迪宝宝的心灵，促进智力的开发，增强创新的意识。还有实践证明：孩子接受音乐教育对早期语言能力、阅读能力、数学能力、听力、记忆力和思考技能都有较大程度的提高。

音乐中充满了爱与想象，充满了亲情，充满了秩序，而这些都是宝宝健康成长中不可缺少的精神食粮。音乐对他们的影响是整体的、全方位的，有时

甚至是不可言说的。对于宝宝而言，唱歌是一种刺激，哼出的旋律、节奏是一种刺激，音乐里面包括的爱与想象，虽然宝宝不一定能清楚地表达，但他在听，在感受。父母实际上是用音乐在和宝宝进行交流，这种交流是一种非常好的教育，是一种充满爱和关怀的教育。

弗朗西斯·劳谢尔认为："让孩子参与音乐很重要，音乐活动越多越好。如果你支付不起音乐课的费用，那就给他们提供一个简单的键盘。如果你买不起键盘，那就对他们唱歌。"

身为父母，要尽可能多地给宝宝提供对他们成长有益的东西。孩子对音乐的第一次接触通常取决于家庭。因此，音乐应该和我们的生活紧密结合在一起。

音乐不是一种技术，而是一个交往的媒介。家长要参与宝宝的音乐活动，使音乐成为家庭生活的背景，成为共享交流的资源和话题。非洲人都是天生的音乐家，他们的音乐教育都是在生活中进行的。

宝宝的早期音乐启蒙更多的是在生活中，由父母随时随地进行的，目的不是为了让他掌握一种技术、学问或生存本领，不是孩子或者父母炫耀的资本，而是通过音乐来培养他们的想象力、对美的事物的感受能力和利用音乐进行交往的能力，是为了让孩子生活得更幸福、更有色彩。

音乐启蒙和开发，犹如给宝宝的想象力、创造力及记忆力安上了一对飞翔的翅膀，使宝宝的智能发展更卓越！

PART TWO

莫扎特效应——用音乐开启宝宝智慧之门

“开启人类智慧的宝库有三把‘钥匙’，一把是数字，一把是文字，还有一把便是音符。”

——法国文豪雨果

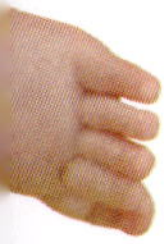

一 神奇的莫扎特效应

“莫扎特效应”的理论来自加利福尼亚大学的神经生物学家戈登教授和弗朗西斯·劳谢尔博士。他们让大学生在听完莫扎特的《钢琴奏鸣曲》后马上进行空间推理的测验，结果发现这些学生的空间推理能力明显提高。他们将这种现象称作“莫扎特效应”。

在戈登教授和劳谢尔博士发现“莫扎特效应”以后，他们又对小学生进行了类似的实验：让一组小学生在进行钢琴训练后玩一个有关比例和分数的数学电子游戏；另一组小学生则在英语训练后再玩同样的游戏。结果发现，进行钢琴训练的小学生的游戏成绩比进行英语训练的高出了15%。

研究者发现，音乐不仅对孩子的分数、百分比运算能力、空间时间推理能力有一定的促进作用，而且对阅读理解、言语记忆等心理能力也有着重要的影响。测试前听过音乐的孩子，大脑活动增强，思维更敏捷，行动更有力，性格更开朗。也就是说，音乐不但可以提高孩子的智力，更能有效提高孩子的情绪智商、体能智商和品德智商。

不仅如此，科学家们发现，当人听到欧洲18世纪的巴洛克音乐时，心跳、脑电波、脉搏等会逐渐与音乐的节奏同步，从而变得缓慢和协调，血压也会相应地下降。这时，整个人会有一种轻松舒畅的感受。同时，实验证据也表明，如果经常聆听巴洛克音乐，还对人的身心健康有很大的帮助，特别是对一些心脑性疾病，如高血压、心脏病、糖尿病等有非常好的预防和缓解的作用。

音乐的魔力还不止于此。医生发现，患有帕金森氏综合症的患者行动和反应都很迟缓，但是在听音乐，甚至在头脑中想音乐时，也可能会奇迹般地恢复一些功能，而当音乐一停止又会变得寸步难行。这说明，尽管“莫扎特效应”还有待科学研究的进一步确认，但音乐在脑功能促进方面的神奇力量已经逐渐引起了人们的重视。对于失去了意愿和行动之间联系的病人而言，音乐有可能使中断的“链条”重新连接起来。

一些科学家认为，音乐欣赏包含了空间知觉和空间推理能力，这是数学能力的重要组成部分。音乐欣赏能够强化人脑中潜在的神经结构，从而提高相应的数学能力，就像肌肉训练能够强化人的运动能力一样。

音乐是世界上最神奇和瑰丽的东西，让我们体会到爱和世间一切伟大的情感，让我们发现身边所有的美，感受着心灵的涤荡和震撼。

音乐虽然只有七个音符，但却以变化无穷的组织方式，编织出一支支如行云流水、似炊烟缕缕、如雷鸣电击、胜诗超画般的乐曲，拨动人起伏的心弦，使人心旷神怡，激发出灵魂内在的潜能。世界上没有什么能像音乐那样，使人由悲转喜，由绝望到充满勇气，由高傲到谦卑，而且还能减少妒忌与仇恨。

德国哲学家尼采说过：“没有音乐，生活将是个错误。”人类需要音乐，孩子更需要音乐。不通过音乐给孩子以快乐来刺激和安慰，等于不让孩子在音乐声中、在你们的交谈中健康幸福地出生、成长。

二 莫扎特效应打造4Q宝宝

1 高EQ快乐宝宝

“智力上的成就在很大程度上依赖于性格的伟大。这一点往往超出人们通常的认为。”

——著名科学家爱因斯坦

EQ又称“情绪智商”，是相对于IQ（智商）来说的，是指一个人感受、理解、控制、运用及表达自己和他人情感的能力。情商是指非智力因素，就是我们常说的心理素质，主要包括认识自己情绪的能力、妥善管理自己情绪的能力、自我激励的能力、认知他人情绪的能力以及处理人际关系的能力等。在某种意义上，它比智商更能决定一个人事业的成功与家庭的幸福。

在宝宝成长过程中，智力因素作为操作系统，每时每刻都在起作用；而非智力因素或情商往往在关键时刻起着决定性的影响！

与智商相比，情商的遗传成分要少很多。这就意味着，无论你的宝宝天赋如何，都可以用音乐对宝宝进行培养，帮助他成就成功人生。

♥ 自控能力

活泼好动是宝宝的天性，但如果总是处于一种狂躁不安的状态，则不利于宝宝的身心健康和成长。优美的音乐，可以吸引宝宝的注意力，让他有效地调控自己的情绪。

♥ 自我赏识

宝宝学会哼唱一首曲子，学会一种乐器，小小的成就感可以让他产生自我肯定和自豪感，增强自信心，进而自我激励，向更高的目标迈进。

♥ 沟通

父母可以一边对宝宝哼唱歌曲，一边摇晃、拍打、触摸他的身体。宝宝

耳朵听到的是节奏，身体感觉到的是运动，这种节奏和运动本身就是充满爱与想象的。与父母感情上的交流，有利于培养宝宝表达自我情感的能力。

♥ 情感

这世界上有多少优美的旋律，这些旋律里蕴涵着多少不同的情感，复杂微妙而动人心弦。正是如此丰富多彩的音乐世界，才能培养出一颗丰富细腻的心灵。

♥ 气质

艺术对人的影响是“润物细无声”的，听熟和练会几首曲子并不能改变一个孩子，但音乐长期的感染和熏陶，必定能让你的宝宝变得宁静而优雅，对生活中一切美好的事物也会显得更加敏感和陶醉……

♥ 人际交往能力

在音乐游戏中宝宝得到更多与他人互动的机会，能为他们形成良好的社交能力打下基础。宝宝们通过对现实生活的模仿，再现社会中的人际交往，练习着社交的各种技能，不知不觉中就提升了人际交往的能力。

2 高IQ天才宝宝

主管IQ的脑细胞主要负责人的学习、记忆、理解、判断和创造力等，是属于能力方面的层次。IQ是衡量数理逻辑能力的指针，根据《吉尼斯世界纪录大全》记载，柯恩尼（M. Kearney）5岁就上高中，10岁就大学毕业，获得考古学学士学位，这就是高IQ的典型代表。

音乐对宝宝的智力开发具有启迪作用。用音乐来开发宝宝的智力，必须及早根据孩子的生理和心理发展的规律，给宝宝以音乐的启蒙教育。

❤ 记忆力

音乐可以让宝宝变得更聪明。这是因为音乐能刺激宝宝大脑的发育，令他们的小脑袋变得更灵敏更协调，不但能锻炼他们的记忆力和感受力、发展他们的空间感和时间感，而且对宝宝的语言、数理、逻辑思维能力的提高都有很大的帮助。

❤ 创造力

宝宝对音乐的想象不是被动的，而是融入了他对这个世界的感受和记忆，也激发着他自己的创造力。不信，你看那些喜欢音乐的小宝宝，谁不会哼些自己“发明”的小调呢？尽管他哼得不着调，但这可是宝宝发挥自己的艺术创造力的表现呢！

❤ 想象力

这个世界上，恐怕很难有什么东西比音乐更抽象了，它只是一组声音，转瞬即逝；但音乐又是世界上内涵最丰富的东西，因为它留给我们的想象空间是无边无际的。所以，音乐对宝宝想象能力的培养是任何别的东西都无法比拟的。

❤ 听力

音乐的情感表达是非常微妙的，音符的排列略有不同，就能创造出完全不同的乐曲。因此，喜欢音乐的孩子不但会有敏锐的听力，也拥有敏锐的感觉，在练习过乐器的孩子身上，这种特质会表现得更加明显。

❤ 语言能力

积极地参与音乐活动和接受早期音乐教育，有助于宝宝提高区分语音的能力，这在语言获得和朗读中是一种必须的学习技能。音乐活动中的说唱、念白、唱歌等形式都可以为宝宝提供丰富的语言刺激，发展宝宝的表达能力。

3 高PQ活力宝宝

有没有发现你的宝宝开始“动手动脚”了？他不再安静地听你说话、唱歌了，这就表示宝宝的PQ智能开始萌动。这时候可不要忽视哦！从小重视宝宝身体素质培养，为宝宝适应社会和将来有一个强壮、健康的身体奠定基础。

肢体运动智能是善于运用整个身体来表达想法和感觉，以及运用双手灵巧地生产或改造事物。这项智能包括身体的平衡、协调、敏捷、力量、弹性和速度，以及由触觉所引起的能力。音乐，尤其是音乐游戏对宝宝运动智能（PQ）的培养起着至关重要的作用。

❤ 节奏感

宝宝根据音乐的旋律线产生了自身运动的韵律线，如手、脚、身体的上下、左右、前后等不同的位置变化，并在跟随音乐舞动身体的过程中，增强节奏感。

❤ 运动能力

宝宝在进行有节奏的身体动作时，大脑神经控制动作的能力和保持平衡的能力有所发展，提高大小肌肉的运动能力，促进动作协调发展，使身体动作更灵活。同时，音乐使宝宝的运动充满了乐趣。

❤ 协调能力

宝宝双手的活动，如拍手、拍肩、拍腿、打击各类乐器，都能促进宝宝手眼协调能力和双手配合能力的发展。

❤ 视觉空间能力

在音乐游戏和舞蹈等群体活动中，能更好地发展宝宝的空间方位感知，如个体与个体的位置变化、组与组的队形变换，都能提高宝宝的视觉空间能力。

4 高MQ优质宝宝

“孩子的道德教育应从摇篮时期开始，因为当今社会所缺乏的不是头脑而是品德。”

——普林斯博士

大家对MQ（Mental Quotient）可能比较陌生，MQ即道德情商，主导一个人的人格，人的一切思想、观念、态度都与它有关。有好的MQ，其人格会趋向正面、光明，具备信心、勇气和智能。MQ会影响到EQ，而EQ亦会影响到IQ，三者环环相扣。

古今中外，善育人者首重德，能成才者德为先。做人是立身之本，良好的品德是成才的基础。尤其是当你的宝宝步入小学，这个年龄阶段正是儿童品德形成与发展的“关键期”，科学的品德教育将给他一生的发展带来巨大的影响。所以，古人曰：“终身大计，莫如树人。”

音乐在MQ的培养方面也具有重要的作用，我们都听说过这样的话：“音乐让孩子更聪明”“学音乐的孩子不易变坏”……一点也不夸张。

♥ 善良

音乐是离我们心灵最近的东西，为美好的音乐而感动几乎是人类的本能。尤其是宝宝，他们的心灵还是一张纯净的白纸，音乐可以轻易地在上面留下美妙的印记。试想一下，这样一颗被音乐滋养过的丰富敏感的小小心灵，怎会轻易被污染呢？

♥ 爱心

音乐是情感表达的出口，是音乐家对这个世界的感受。宝宝在倾听的过程中不自觉地产生共鸣，热爱这个美好的世界。音乐对宝宝的爱的启蒙很重要。

♥ 坚强

音乐能够让我们振奋，同样，它鼓励那些身陷逆境的人们奋起。励志性的音乐，能让你的宝宝从中学到更多美好的品质，能让他勇敢地面对困难、勇于接受挑战。

♥ 宽容

音乐是不同情感的兼容，不同的音乐能给宝宝不同的启迪。接受辨析的过程中，可以让宝宝认同这个世界的多元化，从而宽容不同的情感宣泄。开阔了胸襟，能让宝宝在以后的成长道路上走得更平稳。

PART THREE

神童宝宝的音乐教育之旅

“对教育来说，音乐训练比其他任何方式都更具有潜力。”

——柏拉图

一
零岁前音乐胎教，让宝宝赢在起跑线

这是迄今为止世界上最成功的一例胎教个案！一对普通的美国夫妇培养了四个天才儿童：大女儿5岁时，便从幼儿园一下子升到高中一年级，10岁便成为当时全美年龄最小的大学生！其他三个女儿也同样优秀。四个孩子的智商都在160以上，都被列入了仅占全美5%的高智商者的行列。面对全世界各大媒体的采访，她们的母亲总是说："这是因为孩子还是胎儿的时候，我们就开始教育的结果。胎儿好像一台崭新的计算机，我们不过是输入了信息而已。"

通过这个案例，我们可以看出胎教在儿童教育中起的重要作用。因此，宝宝的音乐启蒙教育，也要从胎儿时期开始。

1 音乐胎教的双效性

音乐胎教是现代胎教中最主要的一种方法。优美动听的音乐，有助于胎儿脑组织的日趋成熟和脑功能的发育，尤其能促进右脑发育，对宝宝创造性思维的培养及智力开发具有重大意义。

(1) 音乐是胎儿与母亲沟通的桥梁

曾有一位母亲，在怀孕期非常喜欢听某一张唱片里的音乐，几乎每天都要听这段音乐，但她分娩后却未再听过。当她的孩子7岁时，偶然听到这张唱片，顿时兴奋得跑到母亲面前说他非常喜欢这段音乐。

怀胎十月，对望子成龙心切的父母来说，时间是不短的。但是，做父母的在这期间应该怎样和自己的宝宝联系、交流感情呢？

在各种艺术中，音乐有着特殊的位置，它是孕妈妈与胎儿之间不同语言的桥梁。音乐是孕妈妈和胎儿建立最初联系和感情的最佳通道。

胎儿能记忆母亲的声音。在子宫内，胎儿首先感受到的是韵律。这种韵律不变的有规则的搏动，几乎在整个怀孕时期都是胎儿的伴侣，是胎儿生活环境中重要的组成部分。有人测试胎儿的心跳，发现音乐可使胎儿心跳的频

率有变化，不论对高、低调都有反应。受音乐的影响，胎动也会增加。

胎儿熟悉母亲的心音，也同样熟悉母亲说话或唱歌的声音，而且一直保持到出生以后。在音乐的气氛中，父母与子女之间会更和谐、融洽。

父母对着胎儿唱歌、说话，选择音乐同胎儿进行“交谈”和思想感情交流，可减少初产母亲对胎儿的生疏感。平时，由于胎儿的特殊环境与地位，胎儿“听”到的声音，大部分是母体传来的，胎儿熟悉母亲说话和唱歌的声音，就像熟悉母亲的心音一样；父亲对胎儿说话、唱歌，虽然声音传给胎儿不如母亲那样直接，但也有良好的作用。在这样的气氛中，父母和宝宝之间能更加和谐融洽。也有选择录音机和唱片提供音乐和韵律的，但这样缺少胎儿最需要的温暖和直接接触，所以，最好还是由父母自己来完成。孕妈妈唱歌或哼哼曲调，比说话更能直接地表达感情。所以，在某种意义上说，音乐是给胎儿和婴儿的另一种语言。

(2) 优美的音乐促使胎儿身心健康

有人曾做过这样的实验，定期给一个7个月的胎儿播放胎教音乐，发现胎儿心率稳定，胎动变得舒缓而有规律。等孩子出生后再听到这段音乐时，他神情安详，四下张望，对这段音乐表现出极大的兴趣。经过一段时间的追踪调查，发现这个婴儿耳聪目明、性格良好，动作发育也明显早于同龄婴儿。

胎教音乐对于促进孕妈妈和胎儿的身心健康具有不可低估的影响，而这种影响通常是通过心理作用和生理作用这两条途径来实现的。

在心理作用方面，胎教音乐能使孕妈妈心旷神怡、浮想联翩，从而改善不良情绪，产生良好的心境，并通过某种途径把这种信息传递给腹中的胎儿，使其深受感染。安静悠闲的胎教音乐，还可以安定孕妈妈的心率和呼吸频率，使之与子宫相邻的大动脉的血流声和横膈膜的活动相适应，给胎儿创造一个平静的环境。同时，优美动听的胎教乐曲能够给躁动于腹中的胎儿留下深刻的印象，使他朦胧地意识到，世界多么和谐、多么美好。

在生理作用方面，胎教音乐通过悦耳怡人的音响效果对孕妈妈和胎儿听觉器官的刺激，促使母体分泌出一些有益于身体健康的激素，从而进一步改善了母体的生理状况，使母腹中的胎儿健康地成长，同时还能较好地改善和加强胎儿的大脑皮层及神经系统的功能。而且，胎教音乐中的节奏还能与母体和胎儿的生理节奏产生共鸣，进而影响到胎儿全身各器官的活动。

（3）胎教音乐让妈妈更健康、宝宝更聪明

胎教音乐分为孕妈妈音乐和胎儿音乐两类。前者为胎儿创造发育条件，避免各种损害智力的因素对胎儿造成伤害，特点是优美、宁静，以E调和C调为主，可使准妈妈感到轻松愉快、情绪安静；后者则直接用于促进胎儿的智力发育，以C调为主，基调是轻松、明快，能较好地激发胎儿的情绪和反应。

适用于孕妈妈听的音乐，要选择充满诗情画意、幽雅抒情、委婉柔和的乐曲，如中国古典乐曲《梅花三弄》《平湖秋月》《渔舟唱晚》《春江花月夜》；外国音乐应选取古典音乐，如《A大调抒情小乐曲》《仲夏夜之梦》等。

不同性格特点的孕妈妈，进行音乐胎教时则应选择曲调、节奏、旋律、响度不同的乐曲。

如果孕妈妈情绪不稳、性情急躁、胎动频繁不安，则宜选择一些缓慢柔和、轻盈安详的乐曲，如中国的二胡曲《二泉映月》、筝曲《渔舟唱晚》、民族管弦乐曲《春江花月夜》、琴曲《平沙落雁》等。这些柔和平缓，并带有诗

情画意的乐曲，可以使孕妈妈及胎儿逐渐趋于安定状态，并有利于母子的身心朝着健康的方面发展。

如果孕妈妈性格阴郁迟缓，胎动也比较弱，则宜选择一些轻松活泼、节奏感强的乐曲，如中国的《春天来了》《江南好》《步步高》及奥地利作曲家约翰·施特劳斯的《春之声圆舞曲》等。这些乐曲旋律轻盈优雅，曲调优美酣畅，起伏跳跃，节奏感强，既可以使孕妈妈振奋精神、解除忧虑，也能给腹中的胎儿增添生命的活力。

当然，孕妈妈不宜听节奏强烈、音色单调的音乐，也不宜听庸俗含色情成分的音乐。前者会造成孕妈妈烦躁和疲劳，对胎儿不利；后者往往引发邪念，对胎儿的性格产生不良影响。

适合胎儿听的音乐，是让胎儿直接受益的音乐。胎儿比较喜欢接受低缓、委婉的音乐，不愿意接受尖、细、高调的音乐。一些旋律温和自然、有规律性的音乐，如大自然的河川、溪流声、虫鸣鸟叫声等，都是上好的选择。

中外古典音乐、现代轻音乐和描写儿童生活的音乐，都是训练右脑的好材料。选择胎教音乐的标准有三条：优美、轻柔、明快。

古典音乐中的一些音乐具有浑然天成的自然特色，充满生气、温暖欢乐，配器纯净逼真而富有表情。比如听莫扎特的作品，最多的感受是纯真、清新、毫无造作。这些特点，婴幼儿最能产生共鸣。婴幼儿在听古典音乐时，通过音乐中多彩多姿的丰富旋律变化、感性理性兼具的音乐铺陈以及明快爽朗的节奏组合，使婴幼儿的意念和创意快乐自由地展现，可以毫无拘束地表达情感并舞动肢体，能有效地提高宝宝4Q多元智能。

具体到每一个胎儿，还应本着因材施教的原则，具体情况具体对待。对于那些胎动频繁的胎儿可侧重选一些缓慢、柔和的曲子；而对那些胎动比较弱

的胎儿，则应侧重选一些轻松活泼、节奏感强的乐曲。一般来说，那些轻松愉快、活泼舒畅的古典乐曲、圆舞曲以及摇篮曲等比较适宜。

古典音乐（特别是巴洛克音乐）因为其节奏和母亲的心跳旋律相近，所以对胎儿和新生儿有启发、安抚的作用，如巴赫的《G弦上的旋律》、莫扎特的《21号钢琴协奏曲》，这些都是不错的选择。白天适宜播放的曲目有《雨滴》《春之歌》《田园交响乐》《爱的喜悦》《凤凰展翅》《西班牙斗牛舞曲》等；而在孩子睡觉前，适宜播放的曲目有《蓝色多瑙河》《小步舞曲》《小提琴协奏曲》《月光》《G弦上的咏叹调》等。

2 280天孕程中的音乐胎教方程式

(1) 怀孕初期

怀孕前3个月里，妊娠反应较明显，孕妈妈容易出现抑郁、疲倦、烦躁不安的情绪，针对这些症状，除了进行必要的生理调适外，更重要的是进行心理抚慰，以帮助孕妈妈尽快地度过早孕反应，音乐便是最佳的心理抚慰之一。

孕初期宜听轻松愉快、诙谐有趣、优美动听的音乐，力求将孕妈妈的忧郁和疲乏消除在音乐之中。如《春江花月夜》《假日的海滩》《锦上添花》《矫健的步伐》等曲子。尤其是《春江花月夜》，曲目名本身就令人心驰神往，春、江、花、月、夜，这五种事物体现了动人的良辰美景，构成了诱人的艺术境界。如果静心聆听、体会，乐曲带来的和谐、优美、明朗、愉快感能让人有如亲临其境，仿佛真的置身于春光明媚、鸟语花香的大自然中。

(2) 怀孕中期

在孕中期（4～7月），孕妈妈的情绪大多是乐观的，不但食欲旺盛，精

力也充沛。此时孕妈妈能够感觉到胎动，胎儿也开始有了听觉功能，这时可以让胎教音乐的内容更丰富一些。由于此时孕妈妈的身子还能够从事各种轻松的家务，完全可以边干家务边听音乐。

孕中期除了继续听先前选择的乐曲外，还可适当添加新的曲目，如《喜洋洋》《春天来了》及柴科夫斯基的《B小调第一钢琴协奏曲》等乐曲。《B小调第一钢琴协奏曲》以其新颖明晰的素材，表达了对光明的向往和对生活的热爱，曲调中充满了青春与温暖的气息。如果反复倾听那些小提琴与钢琴的合奏、有力的合弦、钢琴的伴奏，及生动活泼的快板，就会觉得既像是澎湃的大海，又像是和煦的春风，灿烂的阳光铺满了大地，真正体味到生活的无限曼妙。当胎儿接受了孕妈妈这一美好心理信息后，也会与孕妈妈一同陶醉。通过音乐的欣赏，不仅陶冶了孕妈妈的情操，调节了孕妈妈的情绪，同时对胎儿也将产生潜移默化的影响。

(3) 怀孕后期

孕晚期，胎儿发育逐渐成熟，体重已达3～4公斤，通常这时，会使孕妈妈感到体态笨重，思想压力较大，焦虑现象也多，难免会为分娩及产后的问题紧张和担忧。这时宜听柔和而又充满希望的乐曲。如《梦幻曲》《让世界充满爱》《我将来到人间》及奥地利作曲家海顿的《水上音乐》等乐曲。其中《梦幻曲》是舒曼的钢琴套曲《童年情景》13首乐曲中最脍炙人口的一支。柔美的旋律与完美的曲调相交融，充满表现力的和声语言，勾勒了一个少年之梦，表现了儿童天真、纯洁的幻想。它将伴随孕妈妈进入沉思的梦境，仿佛看见了一个圣洁的小天使正向自己走来。随着《梦幻曲》旋律的变化，孕妈妈脑海中的情境逐渐转换，当曲调渐渐安静下来的时候，腹内的胎儿也酣恬入睡了。

3 胎教音乐进行时

孕妈妈欣赏音乐前，应放松肌肉、保持心情舒畅，并告知胎儿“要一起听音乐了”。欣赏胎教音乐时，可以随着轻柔悦耳的音乐节奏想象着腹中胎儿欢快迷人的脸庞，在潜意识中与他进行感情交流。久而久之，你将感到这是一种妙不可言的艺术享受。

让胎儿“听”音乐的方法是将录音机放在距离孕妈妈腹壁两厘米处播放胎教音乐，每天定时播放几次，要循序渐进，开始时时间可以短一些，以后逐渐增加，但也不宜过长，以5～10分钟为宜。音量要适中，不可过大也不宜过小。注意音乐质量，乐曲不宜过多、过杂。

也可以在厨房做饭的时候，在打扫房间的时候，在上下班的途中，只要有时间就可以哼唱一些歌曲，曲子以欢快流畅为主，这样胎儿就可以不断地听到母亲的歌声，传递具体的“爱的信息”。这对奠定母子交流的基础是最有效的方法，对于培养胎儿的感受性来说，也是相当重要的。

必须强调的是，在这项工作中，母亲应与胎儿一起投入，逐渐进入艺术氛围，而不能以局外人的身份出现，认为胎儿自己听就行了，于是一边听一边胡思乱想，或是做一些与此无关的事情。这样做，是不能收到预期效果的。

4 欣赏胎教音乐，还要注意以下的事项

(1) 并非所有的优美音乐都适合胎教

如理查德·克莱德曼的一些钢琴曲虽然好听，但不适宜作胎教音乐；激烈的摇滚舞曲、爵士舞曲、安魂曲，也不适合用于胎教。这类曲子不仅不会给胎儿带来好的影响，而且还会加深孕妈妈心中的激动或者伤感，从而给胎儿如同白纸一般的大脑留下深深的痕迹。胎教音乐，要求在频率、节奏、力度和频响范围等

方面，尽可能与宫内胎音合拍。若频率过高会损害胎儿内耳基底膜，使其出生后听不到高频声音；节奏过强、力度过大的音乐，会使听力下降。因此，选择胎教音乐，应先经医学、声学测试，要符合听觉生理学的要求。在选购胎教磁带时，不是听一听音乐是否好听，而是看它是否经过了医学、声学的测试。只有完全符合听觉生理要求的胎教音乐，才能真正起到开发宝宝智力、促进健康的作用。

(2) 胎教音乐忌用高频声音

为了避免高频声音对胎儿的伤害，胎教音乐中2000赫兹以上的高频声音应低到听不到的程度，这样对胎儿才比较安全。在中国市场上出售的胎教音乐，经随机抽查表明，11种胎教音乐中竟有9种不合格，有的音频最高达到5000赫兹以上，这对胎儿的健康是有害无益的，会损伤胎儿的大脑和听觉等。国内已有报道从市场购买的劣质胎教音乐磁带进行胎教，结果“教”出失聪的宝宝。所以，在选购胎教磁带时应慎重，最好请专业人员帮助选购。

(3) 播放音乐时不要使用传声器，并尽量地降低噪音

据有关专家介绍，市场上的胎教音带大多附有一个传声器，孕妈妈把它放在腹壁上使声波直接进入体内。这种传导方式，其高频声音对胎儿内耳基底膜上面的短纤维刺激很强，耳朵底部最容易遭到破坏，导致有的孩子出生以后听觉能力受到损害，轻者仅能听到说话、但对高频声音听不到，重者会造成终生耳聋。

(4) 胎教还需与婴儿早期教育相连接

正如专家强调的那样：“始自胎儿的胎教并不能以分娩而结束，还必须与婴儿的早期教育相连贯，这样才不会使胎教前功尽弃。”

总之，在整个怀孕期间，只有彻底地消除优生大敌，做好胎儿保健，进行正确的胎教，才能生个健康的小宝宝，从而使做父母的更快乐，使孩子更优秀、更健康。

二
零岁后音乐教育，全面提升宝宝智能

胎教为宝宝的成长奠定了坚实的基础，是一个良好的开端，而更关键的教育则在出生后的早期培养上。如果没有出生后的巩固，再好的胎教成绩也无法保持。要坚持不懈地巩固胎教成果，才能让宝宝的最终素质得到全面提升。

1 0～6岁 开发宝宝音乐智能计划

宝宝出生了，已接受了胎教的宝宝做好了吸收新知识的准备吗？妈妈们要相信，宝宝们完全有这种超凡的能力认识这个全新世界的更多东西。因此，请放心大胆地让你的宝宝学习新的知识吧！

♥ 0～2岁

这一阶段主要是培养宝宝对音乐的感知力和领悟力。

早晨起床后，播放一段轻柔悦耳的音乐；晚上睡觉前，放一段温柔、安静的摇篮曲。要在生活中恰当地不断提供音乐刺激，激起宝宝愉快的情感。

让宝宝听鸟叫、蛙鸣、雨水的滴答、汽车的鸣笛等，训练宝宝的听觉，积累丰富的听觉经验，使宝宝从小听觉灵敏，并从中观察到他是不是有音乐方面的天赋，或看他对音乐有没有兴趣。

有音乐天赋的宝宝在这一阶段主要表现出对音乐的敏感性，极易被音乐所吸引。比如在他吵闹或哭泣的时候听到一段优美的乐曲，他会突然停止哭闹，注意力会转移到乐曲上面去。如果发现你的宝宝对音高、节奏、音色敏感，对音乐中的情绪、情感感受力强，对音乐的整体结构也有感受，那么恭喜你，你的宝宝可能拥有很强的音乐智能等着被开发呢！

♥ 2～3岁

这一阶段是前一阶段的延伸和巩固，以音乐熏陶、乐感培养为主，要让宝宝听多种类型、多种乐器的音乐。使宝宝逐步感受乐曲、歌曲的性质，如活

泼、欢快、抒情、柔和的音乐，并让宝宝做出相应的情感反应。

有条件的父母可以专门刻录一张碟，内容包括交响乐、室内乐、独奏、歌剧等，包含弦乐、器乐、管乐、民乐、电子乐等。每段5分钟左右，每次给宝宝听一两段，告诉他这是什么乐器、什么曲子等，即便他在玩，不理解也无所谓，潜移默化的影响日久必现。此时你要特别培养孩子的节奏感，给他听的音乐可以是节奏性比较强的，这样更能激起宝宝对音乐的兴趣。

3～4岁

可以让孩子从单纯的节奏练习向旋律、音准方面过渡，并让他配合乐曲接触乐谱。学习电子琴是这一时期不错的选择，因为电子琴在节奏、旋律、音准以及培养孩子音乐兴趣方面都有很大的作用。

不过，最好还是让他们玩一些有关音乐的游戏，爸爸妈妈要经常播放音乐，并根据宝宝"直觉行动思维"的特点，以动作来表达和理解内容，引导宝宝听了音乐后唱唱、跳跳、玩玩，把音乐和玩耍融于宝宝的生活之中。

4～6岁

这个阶段是开发宝宝音乐智能最关键的一个契机了，因为现在你可以让你的宝宝学习一些实际的音乐技能了，比如钢琴、扬琴、古筝、二胡等乐器的演奏。而学习乐器，由于需要手眼协调分工合作，对宝宝各方面的智能都是一个很好的训练。

父母要创设宽松、自由的环境，让孩子学会倾听，学习用音乐表达自己的思想、感情，学习用音乐来放松，使他们对音乐有浓厚的兴趣及强烈的学习动机，保持对音乐听觉的敏感性。

对宝宝音乐智能的开发和培养，其目标不在培养音乐家、演奏家、歌唱

家，也不在对宝宝进行音乐技巧的训练及知识的灌输，而是以音乐为手段，培养其心灵的美感、对音乐的兴趣、欣赏的能力，陶冶其情感，激发智力和创造性，以发挥音乐活动在身心两方面发展的特殊功能，这才是音乐智能得到充分发展的价值。

或许并不一定每一位学音乐的宝宝将来都能成为贝多芬或是莫扎特，但作为父母也不应该放弃对宝宝进行音乐方面的培养。因为一个从小就喜欢音乐、接受过音乐培养的宝宝，长大后必然热爱生活。

2 不同类型的音乐为宝宝的成长护航

不同类型的音乐能对人的心理行为产生不同的影响。例如，雄壮的进行曲能使人热血沸腾、慷慨激昂；奔放的狂想曲使人情绪高昂、思绪万千；柔美的小夜曲使人轻松愉快、心境安宁；而激烈的摇滚乐及迪斯科舞曲则使人情绪紧张、激动不安。

国外有位学者曾对一些乐团的演奏人员进行过统计学调查，发现以演奏古典乐曲为主的人员中，大都心境平和、神情愉快；而以演奏现代派乐曲，如摇滚乐、爵士乐、迪斯科等乐曲为主的人员中，大多数性情急躁、神经过敏，其中一些人甚至饱尝头痛、失眠之苦。

(1) 不同风格的音乐效能

♥ 听“音画性”音乐，打开宝宝想象大门

“音画性”乐曲是单纯描写风光或事物的。听“音画性”音乐，可以使宝宝重现感知过的事物、情景，也可以通过联想组合新的意象。如中国描写风光的二胡曲《空山鸟语》、笛子曲《早晨》、稍带情节因素的琵琶曲《十面埋

伏》、筝曲《渔舟唱晚》等等，都属于这种类型。对这些作品，只需略加描述提示，宝宝就会张开想象的翅膀，进入美妙的艺术境地。

♥ 听“描绘性”音乐，培养宝宝的形象和意境感受能力

“描绘性”音乐既有“音画性”因素，又插入了情感色彩和情节因素，这样的作品一般能塑造鲜明的音乐形象，构成优美的意境。像前苏联作曲家普罗柯菲耶夫的《彼得与狼》、中国著名音乐家贺绿汀的钢琴曲《牧童短笛》，都是孩子们喜爱的作品。尤其是法国作曲家圣·桑的组曲《动物狂欢节》，全曲由14个短曲组成，作者用富于个性化的旋律线条和饱蘸色彩的音响效果，惟妙惟肖地创造了各种动物的形态个性，展示出“森林公园”的特有境界，抒发出一片生机盎然的气氛。

♥ 听New Age音乐，让宝宝亲密接触大自然

New Age，国内俗称“新世纪音乐”。相对于Classic和POP，New Age只是近些年才兴起的一种音乐形式，但却已迅猛地发展为当代乐坛的一个大流派。它是指一种非流行、非古典，被称为“第三种声音”的具有实验性质的新音乐，也被称为是中产阶级的音乐。

这种纯音乐的享受，纯净得仿佛无以追求的世界。听这样的音乐，让人能感觉到空间，却感觉不到时间；能感觉到旋律，却又没有节奏。它“不渲染，不明确，不激动，一切以自然的流露为至高境界”的美学特征，安抚现代人疲惫的心灵，慰藉人们的灵魂。也可以说，New Age音乐是使人心绪宁静的镇静剂。

New Age音乐按照表演方式分为不同的派别和题材，其中清新自然的田园派音乐最适合妈妈和宝宝倾听。聆听那融入大自然音效的音乐，仿佛置身开

阔的空间，接受阳光、风雨的洗礼，彻底释放自我。透明、神秘的音色充满了朦胧的气氛，为妈妈和宝宝带来内心的平静。

♥ 听儿童音乐，拥有宝宝自己的快乐

优秀的儿歌是针对孩子生理和心理特点精心创作出来的，可以有效地提高孩子的智力水平和创造力，对孩子良好个性的形成很有帮助。儿歌的内容贴近宝宝的现实生活，语言符合宝宝的朗诵特点，形象生动，富有童趣，朗朗上口，很容易理解，宝宝一听就明白，不需要父母作过多的解释。这样宝宝在接受它时，不用刻意地去记忆，就能背诵下来。宝宝从中获得了成就感，学习自然就有了积极性。

儿歌能让他们通过感知音乐作品的艺术美，在情感上产生共鸣，获得美的感受，从而识别作品中所反映事物的美与丑、悲与喜、崇高与卑下，领悟到事物中的是非、正误、美丑。对宝宝来说，一首好的儿童歌曲起到的激励情感的教育作用，往往比直接说教更能深入人心。

《小龙人》《数字歌》《我有一个家》《妈妈我要亲亲你》等新儿歌以及《五指歌》《月光光》《小时候》《小猪的礼物》等经典儿歌都是朗朗上口的优秀儿歌。

(2) 不同功能的音乐效能

音乐的曲调、节奏、旋律、响度不同，对人体可产生不同程度的情感和理性共鸣。下面是乐曲的大概分组及产生的作用，可供参考：

♥ 催眠

如二胡曲《二泉映月》、筝曲《渔舟唱晚》、德国浪漫派作曲家门德尔松的《仲夏夜之梦》等。这类作品具有轻盈灵巧的旋律、美妙活泼的情绪，而

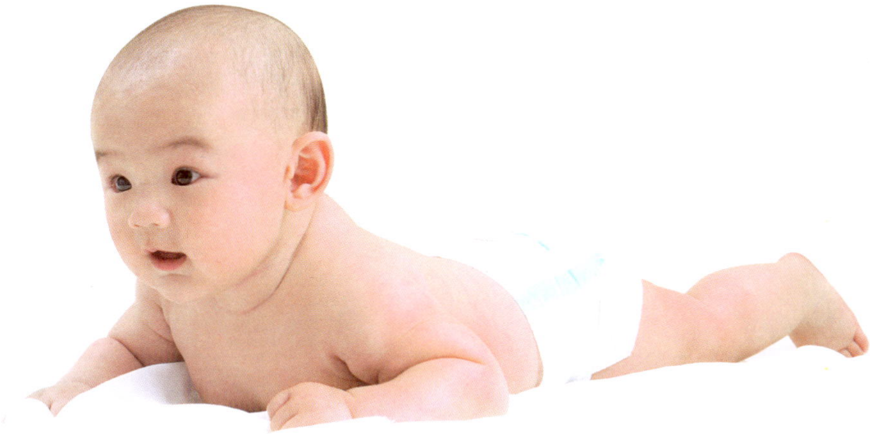

又具有安详柔和的情调。

♥ 镇静

如中国民族管弦乐曲《春江花月夜》、琴曲《平沙落雁》等。这类作品优美细致，音乐柔和平缓，带有诗情画意。

♥ 舒心

如《江南好》《春风得意》等。这类作品使人浮想联翩，放松神经，能马上进入歌曲的优美境界。

♥ 解除忧郁

如《喜洋洋》《春天来了》、奥地利作曲家约翰·施特劳斯的《春之声圆舞曲》等。这类作品使人联想到春天，仿佛看到春天穿着美丽的衣裳和我们欢聚在一起，曲调优美酣畅，起伏跳跃，旋律轻盈优雅。

♥ 消除疲劳

如《假日的海滩》《锦上添花》《矫健的步伐》、奥地利作曲家海顿的乐曲《水上音乐》等。这类作品清丽柔美，抒情明朗。

♥ 振奋精神

如《娱乐升平》《步步高》《狂欢》《金蛇狂舞》等。这类作品曲调激昂，旋律变动较快，引人向上。

♥ 促进食欲

如《花好月圆》《欢乐舞曲》等。这类作品轻快自然，给人带来愉快的心情。

3 育儿音乐参考

(1) 古典类

育儿音乐种类繁多，但大部分都是古典音乐，因此，在这里重点介绍。

◆舒曼：《梦幻曲》

选自《童年情景》，是其中的第七首，曲风温馨感人，仿佛回到母亲的怀抱。

◆李斯特：《爱之梦》

音乐具有美丽爱情般的梦幻感觉，在情绪、速度等各方面的条件上都相当适合做胎教音乐。

◆贝多芬：《月光奏鸣曲第一乐章》

这个乐章以三连音乐的动机，犹如水波的荡漾，蕴含着幻想的气息、宁静的感觉，适合胎儿聆听。

◆朱利安·洛伊·韦伯：《爸爸的歌》

乐曲速度和缓、音乐唯美，展现了父亲柔美的一面，相当感人，适合作为胎教音乐。

◆舒伯特：《鳟鱼》（大提琴与钢琴演奏版本）

这首歌描述鳟鱼在清澈的溪水中自在地游来游去，轻快的旋律配上可爱的歌词，而器乐改编的版本比较适合作为胎教音乐。

◆巴赫：《羊儿可以安心地吃草》

这首乐曲在和缓的节奏中传达了安详的气氛，非常适合胎儿与孕妈妈聆听。

◆莫扎特：《单簧管五重奏》

在五重奏中，单簧管展现了安详的音色，令人全身舒畅，很适合胎儿与婴儿聆听。

◆肖邦：《降E大调夜曲》

这首乐曲是肖邦所有的夜曲中知名度最高的一首，其甜美动人的音色仿佛水晶灯般晶莹剔透，令人爱不释手。

◆巴赫：《小步舞曲》

这是一首可爱的乐曲，其轻快活泼的曲调深受世人喜爱，当然也非常适合胎儿聆听。

◆舒伯特：《小夜曲》（选自《天鹅之歌》）

这首歌描述对少女的情爱，具有甜美的旋律和诗意，普遍受到爱乐者的喜爱，改编成为器乐演奏的版本之后，相当适合婴幼儿聆听。

(2) New Age音乐

◆班德瑞：《寂静山林》

这张自然味十足的专辑可以听到采自阿尔卑斯原始森林的鸟鸣，以及罗亚尔河的溪流声，带给你置身山林的新听觉享受！让妈妈和宝宝在大自然中放松身心，舒缓情绪。

◆Robert Miles：《梦境》（《Dreamland》）

意大利DJ Robert Miles的第一张专辑。闭上眼睛，感受音乐的宁静，在音乐带入的梦境里，找寻失去的童稚情趣，适合在宝宝睡觉时播放。

(3) 儿童歌曲

儿歌中既有民间流传的童谣，也有作家创作的新儿歌。儿歌按其功用，大致可分为三类：游戏儿歌、教诲儿歌、训练语言能力的绕口令等。

◆《布娃娃》

“布娃娃/不听话/喂她吃东西/不肯张嘴巴。”于天真稚气中表达了宝宝对周围生活的模仿和思考。同时，宝宝在诵唱这首儿歌时马上就会联想到自己吃饭的情景，让宝宝懂得应该养成良好的生活习惯。

◆《小鸟学我操操》

“风吹杨柳飘飘/小鸟学我操操/我伸腿/它踢脚/我拍手/它跳跳/我把腰儿弯弯/它把尾巴翘翘/操好了/再见了/小鸟扑哧扑哧飞走了。”使用摹声词及叠词叠韵，表现出汉语语言的音响美、回环美与活泼生动，切合宝宝学习语言需反复记忆的特点。

◆《小板凳》

“小板凳/真听话/和我一起等妈妈/妈妈下班回来/我请妈妈快坐下。”这首儿歌抒发了宝宝依恋妈妈、期盼妈妈早点回家的真实情感，从而使宝宝学会尊重妈妈、尊重他人，并在外泄感情的过程中获得教益。

(4) 中外诗歌散文配乐

◆《致橡树》 舒婷

《致橡树》是一首优美、深沉的抒情诗。它所表达的爱，不仅是纯真的、炽热的，而且是高尚的、伟大的，像一支古老而又清新的歌曲，动人心弦。孕妈妈在深情的诵读中，便无意间把这种博大的情感，倾注于宝宝的生命里。

◆《再别康桥》 徐志摩

一幅幅流动的画面，构成了一处处美妙的意境，语言清丽，节奏柔婉，和谐自然，宛如一曲优雅动听的轻音乐。让孕妈妈伴随着情感的起伏跳跃，浮想联翩，让宝宝也意犹未尽。

◆《荷塘月色》 朱自清

云淡风轻、宁谧淡然的感受，只能在月夜独处荷塘之中才能拥有。月下荷塘，营造出的这种朦胧、幽美的意境，让孕妈妈产生美感的同时，也给宝宝带来美的享受。

◆《波浪在喃喃细语》 （意）托夸多·塔索

“波浪在喃喃细语/树丛的枝叶在晨风中飘荡/绿油油的树枝上/迷人的鸟儿柔声歌唱。”诗中弥漫着一种田园之美，天籁般的自然清新叫人心旷神怡，非常适合孕妈妈和宝宝共享。

PART FOUR

古典音乐——音乐育儿的必选课

“世界上有些东西是无从描述的，譬如莫扎特的《C大调第四十一号交响曲》、莎士比亚的戏剧以及贝多芬的音乐。”

——舒曼

一
作曲家简介

1 音乐奇才——莫扎特

莫扎特（1756-1791），奥地利人，最杰出的天赋音乐奇才。

他的音乐带有一种无忧无虑的火花，一种让听众露出笑容的优雅和迷人，他开启了所有音乐之流的源泉。在莫扎特那里，音乐是生活的和谐表达，是生活的画像，但那是美化了的生活。他的音乐总是指向心灵而非智力，并且始终在表达情感或激情。

今天的专家们说，有一种明亮的东西萦绕着莫扎特的音乐。有人概括道："在音乐史上有一个光明的时刻，所有的对立者都和解了，所有的紧张都消除了，那光明的时刻便是莫扎特。"

2 天庭的暴风雨——贝多芬

贝多芬（1770-1827），德国人，被称作"音乐的普罗米修斯"。

李斯特把贝多芬的作品比作"引导以色列人走出沙漠的云朵和火焰柱子"。

他是雷神，是丘比特，是强烈而激情的咆哮者。巴赫是已有之物的完善者，莫扎特是音乐上唯一最明亮的耀眼瞬间，贝多芬则是力，是扼住那不曾向任何人或神低头的命运咽喉的人。他宣扬了自己生活和创作的准则，在身后留下了迄今为止任何一名作曲家从未创造出的最强有力的音乐。

没有一位作曲家比他更献身于人类的奋斗。巴赫为上帝的荣耀而创作，莫扎特出于天才的横溢，贝多芬则是为了将自己的意愿施于世界。

3 优雅的音乐神童——门德尔松

门德尔松（1809-1847），德国人，浪漫主义神童、优美典雅的钢琴曲和交响曲作家。

这是一位被称为“天之骄子”的艺术家。他的一生以蓝天为伴，鲜花铺路，一帆风顺。正像他曾写的一首音乐作品的题名，他的生涯就是一次“幸福而平静的旅行”。

他的音乐优美精致、令人舒适、有节制、旋律悠扬，而且毫无瑕疵，不同于那些不朽大师的作品那般深刻和富于灵感，不含暴烈的激情，但却是天才的创作。听过门德尔松的旋律之后，你不会感到消沉，旋律之中也没有什么东西刺激到你的耳膜。他17岁时就创作出《仲夏夜之梦》序曲。这是最典型的梦幻童话音乐，轻盈、有趣、欢乐。评论家们一致认为它远远超越了任何年龄的普通音乐家的能力。

二 作曲家作品赏析

1 贝多芬：《月光》

这首奏鸣曲之所以被称为“月光”，是由于德国诗人路德维希·莱尔什塔勃将此曲第一乐章比作“犹如在瑞士琉森湖月光闪烁的湖面上摇荡的小舟一般”。

这个乐章的情感表现极其丰富，有冥想的柔情、悲伤的吟诵，也有阴暗的预感。第一乐章犹如水波的荡漾，蕴含着幻想的气息、宁静的感觉。

2 贝多芬：《致爱丽丝》

乐曲旋律清新明快，犹如涓涓山泉在歌唱。第一个插部主题情绪更加开朗，右手快速的分解和弦式的伴奏音型使主题显得活泼明快；第二个插部主题由主音的持续低音和弦连接而成，端庄典雅，形成了和主题的对比。最后，主题又一次再现，乐曲在柔美抒情的意境中结束。

3 莫扎特：《G大调弦乐小夜曲》

该曲是18世纪中叶器乐小夜曲的典范，是莫扎特所作十多首组曲型小夜曲中最受欢迎的一首。分为四个乐章，分别为小奏鸣曲、浪漫曲、小步舞曲、威尼斯流行歌曲。其中欢乐的旋律充满了明朗的情绪色彩和青春气息；温柔恬静的旋律充满了绵绵情思；流畅的旋律充满了青春的活力；明澈流丽的旋律跳荡着无忧无虑的情感。

4 莫扎特：《土耳其进行曲》

《A大调钢琴奏鸣曲》，乐曲原名为“土耳其进行曲”，在音乐上特指“模仿土耳其军队的乐曲”。三个乐章由主题与变奏曲、小步舞曲和土耳其进行曲组成。整部作品中以土耳其进行曲最为脍炙人口。这一异国情调十足的乐章，在极为华丽而热烈的气氛中结束。经常被单独演奏，并被改编为管弦乐曲和轻音乐。

5 莫扎特：《C小调小星星变奏曲》

本曲是莫扎特在巴黎时所作，是他一连串变奏曲中的第二首。主题来自法语歌曲《哦！妈妈，让我告诉你吧！》，是描写年轻的少女想把爱人的事情向母亲表白的歌曲，后来则以“小星星”之名改编成儿歌，广受人们喜爱。

6 莫扎特：歌剧《费加罗的婚礼》

《费加罗的婚礼》序曲采用交响乐的手法，言简意赅地体现了这部喜剧所特有的轻松而无节制的欢乐，以及进展神速的节奏，这段充满生动活力而且效果辉煌的音乐，本身就具有相当完整而独立的特点。开始时，小提琴奏出的第一主题疾走如飞，然后转由木管乐器咏唱，接下来是全乐队刚劲有力的加入；第二主题带有明显的抒情性，优美如歌；最后全曲在轻松活泼的气氛中结束。

7 门德尔松：《仲夏夜之梦》

《仲夏夜之梦》序曲是门德尔松的代表作，它曲调明快、欢乐，是作者幸福生活、开朗情绪的写照。曲中展现了神话般的幻想、大自然的神秘色彩和诗情画意。在虚无缥缈的短引子之后，音乐进入小提琴奏出的轻盈灵巧的第一主题，描绘了小精灵在朦胧的月光下嬉游的舞蹈。随后的第二主题欢乐而愉快，由管弦乐齐奏伴随着雄壮的号角，呈现出粗犷有力的舞蹈音乐，并立即转入热情激动而温顺的恋人主题，曲调朴素动人。经过多次音乐的发展变化，乐队又奏出了舞蹈性的新主题，具有幽默、诙谐的特征。

8 门德尔松：《春之歌》

《春之歌》描写了大地回春、万物苏生的蓬勃气象。主旋律旖旎多姿、温婉迷人，串串音符犹如飘飞的花絮，展现出春光的明丽与妩媚；而伴奏部分那流畅跃动的琶音，就像是竖琴奏出，仿佛淙淙泉水，款款流过，更烘托出春的意境与活力。

结尾再现了明媚如歌的主旋律，又回顾了激荡兴奋的惜春之情，在寂静安恬的气氛中，音乐渐渐弱下来，消逝在无尽的春光之中。含蓄而平静的终止，给人以余韵未尽、意韵愈深的奇妙联想，使《春之歌》仿佛获得永恒的生命。

9 勃拉姆斯：《摇篮曲》

这首常用于小提琴独奏的《摇篮曲》，歌词为“安睡安睡，乖乖在这里睡，小床满插玫瑰，香风吹入梦里，蚊蝇寂无声，宝宝睡得甜蜜，愿你舒舒服服睡到太阳升起”。那恬静、优美的旋律本身就是一首抒情诗，简朴的主题中充满了温暖安详的情绪，表现了母亲深挚的怜爱。伴奏部分形成了摇篮的晃动感，烘托出平稳宁静的气氛；乐曲的后半段以上行的八度跳进，仿佛充满了希望和憧憬。后人将这首歌曲改编为轻音乐，在世界上广为流传，就像民谣那样深入人心。

10 德沃夏克：《幽默曲》

这首家喻户晓的世界名曲，包括种种舞曲在内，大约有八十余首，但唯有这首《幽默曲》广为流传，深入人心。本曲为八首《幽默曲》中的第七首，后来还被改编为管弦乐曲、其他各种乐器的独奏曲以及轻音乐等。全曲采用复三曲式，其中的一部分旋律流畅优美，穿插于音符之间的短时值的休止符，使乐曲充满了活泼幽默的色彩。

11 舒曼：《梦幻曲》

这首《梦幻曲》是舒曼第15号套曲里的第7首，是舒曼一生所有乐曲中最为出色的一首曲子，经常单独演奏。这首曲子充满了对美好未来的憧憬，它那犹如梦境般的诗情，使人联想到美好生活的种种情景。精炼的音乐语言、鲜明的音乐形象、引人入胜的表现力，使这首给人们以美好希望的抒情诗得以长久流传。

12 李斯特：《爱之梦》

乐曲以温柔舒缓的旋律开始，渐渐地表现出浓郁的感情，随着曲调的波动，情绪显得更加热烈，旋律渐渐上扬，充满了幸福的憧憬。经过华彩性的乐段之后，乐曲转换了调性，用更加热情的情绪奏出开始的主题旋律。当变化重复这一段旋律时，乐曲进入高潮，表现了对纯真爱情的执著追求。

PART FIVE

音乐之外的教育，为宝宝成才助力

音乐教育在孩子的教育中起着重要的作用，但其他教育方法也不能忽视。只有让宝宝汲取丰富而全面的知识，接受多元化的教育，才能使宝宝拥有美好幸福的人生！

一 可以尝试的其他胎教方法

1 刺激触觉的触摸胎教

法国心理学家贝尔纳·蒂斯认为：父母都可以通过触摸的动作配合声音与子宫中的胎儿沟通信息，使胎儿产生安全感，因而感到舒服和愉快。

触摸胎教就是孕妈妈或准爸爸通过用手轻轻地触摸来刺激胎儿的触觉，促使胎儿感觉神经及大脑的发育。“触”能引起胎儿良好的触觉和动觉，“摸”可以促进胎儿整体的新陈代谢，使胎儿的各部分功能协调统一。

医学研究证明：胎儿体表绝大部分细胞已具有接受信息的初步能力，能够通过触觉神经来感受体外的刺激，使反应能力渐渐灵敏。准父母通过触摸可以感觉到胎动：胎儿在子宫内顶头蹬足、反转身体，这些活动有助于将来孩子运动能力和平衡能力的发展。

触摸胎教应注意轻柔有序，从胎儿头部开始，沿背部、臀部直至四肢，可在每晚睡前进行，每次5～10分钟为宜。如果开始摸不出胎儿的局部，可以在胎动出现时，及时予以回应。触摸可与数胎动及胎谈相结合。

触摸胎教还应注意胎儿的反应类型和反应速度。如果胎儿不喜欢触摸刺激，就会用挣扎动作表示抗议，这时应停止触摸；如果胎儿被触摸后，用缓慢的蠕动回应，表示可以继续触摸。

2 刺激视觉的光照胎教

实验证明，适当的光照对宝宝的视网膜以及视神经有益无害。光照胎教就是给予胎儿一定的光照刺激，以促进胎儿视网膜光感细胞的功能发育。光照胎教成功的宝宝出生后视觉敏锐，协调能力、专注力、记忆力也较好。

胎儿的感觉功能中视觉的发育较晚，一般7个月的胎儿视网膜才具有感光功能，光照胎教可以在怀孕6个月后开始。

光照胎教时，可采用手电筒紧贴孕妈妈腹壁，反复开关手电筒，一闪一灭照射胎儿头部，光线透入子宫，羊水因此由黯变红，而红色正是小宝宝比较偏爱的颜色。用手电筒进行光照胎教每次5分钟左右，但应避免在胎儿睡眠时进行，孕妈妈可以将胎儿的反应写在孕期日志内。

3 刺激嗅觉的香氛胎教

胎儿在子宫中成长的时候，母体也会发生变化。由于受到激素的影响，孕妈妈的心情会变得起伏不定，身体越来越沉重，各种症状也随之相继出现。当人受到压力时会出现B波或Y波。这两种波容易使人疲惫，影响注意力的集中，当孕妈妈出现这种状态时，便会立即影射到胎儿。

此时选择适宜孕期的香氛，不仅能对孕妈妈的身心及情感产生良好影响，还能刺激胎儿的嗅觉，从而促进胎儿大脑的发育。香氛胎教应选用安全的、从植物中萃取的纯天然香精油和花草种类，并要熟知其安全用量，在这个范围内可以广泛尝试芳香浴、吸入法、按摩、沐浴和饮花草茶等方法。但要注意的是，孕妈妈不可使用对激素产生影响的香精油或花草类。

4 刺激听觉的胎谈胎教

孕20周时，胎儿的听觉功能已经完全建立，胎儿大脑开始发育，能够用耳朵去听，用大脑来理解。母亲的说话声不但可以传递给胎儿，而且胸腔的振动对胎儿也有一定影响。因此，孕妈妈要特别注意自己说话的音调、语气和用词，以便给胎儿一个良性刺激。胎谈胎教一般从此时开始，要求父母共同参与，因为男性的低音较容易传入子宫内，不失为一种良性的音波刺激。父母可以给胎儿起一个中性的乳名，如“宝宝”“贝贝”等，经常对胎儿呼唤，使他牢牢记住。这样婴儿出生后哭闹时，再叫这个乳名，他便会对陌生的宫外环境

产生亲切感和安全感，便很快地安静下来。同时，父母要把胎儿看成一个小大人，经常和他对话或对他唱歌，这样，不但可以增进夫妻感情，还能把父母的爱传递给胎儿，对胎儿的情感发育大有益处。对话的内容不宜太复杂，最好在一段时间内反复重复一两句话，以便使胎儿大脑皮层产生深刻的印记。

用电话或音乐CD等特定工具的胎谈，只有在胎儿的脑功能成熟后实施才有成效。但平常向胎儿问候或搭话，是亲子之间进行心灵沟通的纽带，它可以从生命孕育的那刻开始。当出现早孕反应时，孕妈妈也可以告诉胎儿“妈妈现在很不舒适，让我们一起忍耐，很快就会好的”之类的激励性话语，并表明要一同克服困难的决心。虽然胎儿听不到，却能够从中获取某种能量。怀孕初期是流产高敏期，而来自妈妈的爱的能量能够有效地保护胎儿。

5 美学胎教

我们生活的世界绚丽缤纷，人们通过看、听、体会享受着各种各样的美。然而对胎儿进行美学的培养，就需要母亲将感受到的美通过神经传导输送给胎儿。美学培养主要包括音乐美学、形体美学和大自然美学三部分。音乐美学也就是音乐胎教，在本书前几个章节已经详细叙述了。

形体美学主要指孕妈妈本人的气质，首先孕妈妈要有良好的修养和高雅的情趣，具有内在美。其次是颜色明快、舒适得体的孕妇装，洁净的头发，恰到好处的妆容，这样使胎儿在母体内受到美的感染而获得初步的审美观。

大自然美学是说，孕妈妈应多到大自然中，美丽的景色给孕妈妈带来欢乐，从而促进胎儿脑细胞和神经系统的发育，对母子都是一种难得的精神享受。大自然景物还能作用于孕妈妈的感官，唤起她们的审美心理和愉悦感，使精神境界得以升华。

6 联想胎教

联想胎教主要是指孕妈妈利用母子间情绪、意识的传递，通过对美好事物和意境的联想，将美好的体验暗示和传递给胎儿的一种活动。

进行想象胎教时，孕妈妈要置身于一个舒适的环境中，或坐或躺，使身体完全放松，从脚趾开始，一直到头顶，逐步地放松身体的每块肌肉，让所有的紧张从身体中蒸发。用腹部深、匀地呼吸，慢慢地从10倒数到1，当孕妈妈感到自己深深地放松了之后，脑电波才会真正产生变化，变得慢下来。这时就可以展开想象，想象自己向往和喜欢的事，如自己抱着未来的宝宝玩乐的情景，想象孩子多么活泼可爱，想象自己的心情是多么愉快欢乐。在大脑里保留这些美好情景的同时，在内心对自己作一些十分积极的、肯定的陈述（出声或默诵都可）。如：“我正在和可爱的孩子一起度过一个美好的晚上。”“宝贝，我永远爱你，我们永远在一起。”

孕妈妈要觉得这一过程是欢快有趣的，时间不限定，但最好每天都尽你所能地经常去做。积极思维模式能在短时间内改变孕妈妈对生活的态度和期望，抵消多年来的陈旧思想。选择积极的语言和概念，一个积极的现实就会创造出来。需要注意的是，要始终用现在时态来进行肯定，如“我现在有一个聪明健康的宝宝”，而不是“我将有一个聪明健康的宝宝”。

孕妈妈在刚开始学习发挥创造性审美想象时，可能会有一些障碍，包括早孕反应引起的烦躁、流产史的紧张感、临产恐惧感及整个孕期中时时发脾气等压抑情绪，它会导致孕妈妈的精神、心智、体力消沉，萎靡不振。为此，要尽量用一种友好的、易接受的方式，将那些在障碍下的情绪激发出来，如果感到自己实在难以克制心绪不宁的阻力，就试着做清除障碍的练习，写下导致心绪不宁的原因。如：我对胎教缺乏信心，我不是一个好母亲，妊娠是女人的灾

难，我害怕分娩，我不想要孩子，我担心孩子发育不良……当你觉得已经写完了，记录的确实是自己对孕期生活焦虑不安的态度，就随即把它撕碎丢弃，这象征着要在孕期生活中扔掉这些障碍。然后静坐、放松，用积极肯定的观念，取代不良心念，在舒适的环境中使自己身心完全松弛下来。

你可以想象置身在清新的大自然中，有开阔的绿地、潺潺的小溪、细软沙滩等，花一些时间，想象所有美好的细节，并自我暗示自己正充分享受并经历着这一切。

二 宝宝出生后适用的早教方法

1 语言教育

在声音刺激中，除了音乐之外，还有一个重要内容就是语言。妈妈或家人可以在胎教时就用文明、礼貌、富有哲理的语言，有目的地对子宫中的宝宝讲话，给宝宝的大脑新皮质输入最初的语言印记，为后天的学习打下基础。

(1) 提高宝宝的语言能力

语言教育的题材很多，父母可以将日常生活中的科普知识作为话题，这既是一般常识课，也是母子共同体验生活节奏的一个方法。妈妈要带领宝宝一起过每一天，要把生活中的一切都对宝宝叙述，这是胎教中最重要也是最基本的。共同的体验会使母子之间的纽带更牢固，并培养宝宝对妈妈的信赖感及宝宝对外界的感受能力和思考能力。

其次，我们不能忽视文学对教育的作用。文学和音乐一样，容易对人的情绪产生影响。将优雅的文学作品以柔和的语言传达给宝宝，是培养宝宝的想象力、独创性以及进取精神最好的教材。同时文学也是一种充满感性色彩的艺术，妈妈读了能激发爱子之情。如妈妈慢慢吟诵朱自清的《荷塘月色》，那优美的意境、宁静的情韵，不仅会起到摆脱烦恼情绪、改善精神状态、促进身心平衡的作用，还能优化胎内环境，使宝宝出生后性格良好、情绪稳定。

在宝宝的早期教育中，可以给宝宝讲故事，让宝宝阅读幼儿画册来提高宝宝的语言能力。

(2) 讲故事丰富宝宝的语言世界

德国著名法学家威特是接受早期教育的典范。他只有八九岁的时候，就能自由地运用德语、法语、英语等几种语言，并且通晓植物学、动物学、物理学、化学，尤其擅长数学，9岁考取了莱比锡大学，16岁获法学博士学位，并被聘为柏林大学法学教授。威特的父母非常重视运用讲故事这一方法来进行早期教育，他们几乎每天都给威特讲故事。这样教育的结果是，威特到了五六岁的时候，就已经掌握了三万多个词汇。

通过讲故事对幼儿进行早期教育是一个好方法。日本著名教育家木村久一曾说过，没有比讲故事更重要的了。因为宝宝对这个世界的一切都是陌生的，要尽早让宝宝认识世界，最好的媒介莫过于讲故事。美好生动的故事可以把宝宝带到广阔的天地，让他增长知识、启发想象、锻炼记忆。为了丰富宝宝的想象力，父母要运用形象的语言，富于表情、加以手势来讲故事，言语也要生动。同时，要选择情节简单、主题鲜明、语言优美的故事，不可给宝宝讲恐怖和鬼怪类的暴力故事，以免造成他们的精神紧张。

(3) 英语启蒙教育

在巴黎的某医院，有一位语言心理学教授接待了一位4岁的患儿奥迪尔。奥迪尔患有孤独症，不爱讲话，不论父母怎么启发开导都无济于事，只好送到医院求助于教授。开始，教授用法语和患儿交谈，她毫无反应。经过一段时间的治疗和观察，教授发现：每当有人同这位患儿讲英语时，奥迪尔的兴趣就来了，并表现出既爱听又喜欢交谈的样子，这时候的她活泼多了。教授找来了她的父母，但父母都表示，在家里从不讲英语。经过回忆，她的母亲才恍然大悟：她怀孕期间曾在一家外国公司工作，那里都用英语讲话，所以，她怀孕的时候一直是讲英语。这个真实的故事说明了胎儿时期教育的启蒙作用。

如果父母希望自己的宝宝将来成为精通两国语言的人才，最好在胎儿时期和幼儿时就加强对宝宝的英语启蒙。父母可以选用温柔舒缓的英文歌曲，对宝宝进行英语熏陶。

2 绘画教育

心理学家认为，绘画不仅能提高人的审美能力，产生美好的感受，还能通过笔触和线条，释放内心情感，调节心绪平衡。绘画具有和音乐一样的效果，即使不会画画，宝宝在涂涂抹抹中也会自得其乐。

宝宝在美术活动中对自己的意愿和希望的表达，对自己思想感情的流露，随性而自由自在，虽然无甚技巧，但他们丰富的想象力和大胆、无拘无束的创造力，总是令大人们自愧不如。

绘画教育，不是要求每个宝宝都能成为画家，但必要的艺术造诣对宝宝的成长有着不可估量的作用。绘画提高了他们的想象力和色彩感知力，培养了宝宝的艺术修养，丰富和美化了他们的精神生活。让绘画这一静止的瞬间艺术形态给宝宝插上想象的翅膀，在天空自由地翱翔吧！

3 情感教育

有专门的研究指出，3个月的婴儿已有嫉妒和受挫情感。在宝宝3个月时如果被发现有失望、不安和受挫等心理障碍，就可能是情感教育上出了问题。

如果在关键期宝宝的情绪没能得到健康发展，不仅会损害今后的心智健康，同时还会影响到各种语言发展，甚至影响到他们将来受教育。因此，从宝宝出生就应该关注他们的情感发展。

(1) 与宝宝视线对视

与宝宝视线对视，能增强宝宝对面部表情的认知。因为面对面的直接接触，能促进宝宝理解他人情绪“技能”的提高，如果这种能力能得到持续发展，可为他们今后建立良好的人际关系奠定坚实的基础。

(2) 给宝宝更多的笑容

充满浓情的笑容，会让宝宝感受到愉悦，能更好地激活大脑皮层组织的活动，从而更好地开发大脑。如果宝宝常体验到积极愉快的正面情绪，就会对周围的世界充满信任。怀着这种信任长大的孩子，以后一定会是一个充满自信、善于交际、具有亲和力的人。

(3) 避免情绪暴力

宝宝在出生3个月时，如经受一定量的负面体验，便有不安、失望和受挫等消极情绪出现。而幼年或成人后的一些心理问题，很可能就来源于婴儿时代。为了让宝宝将来成为一个身心健康的人，就要让他们尽可能地少受负面情绪的影响。在亲子互动中，让他们有体验成功的机会，让他们减少与父母分离的不安，或减少对家庭生活不和谐的感受。

4 运动教育

拥有一个健康活泼的宝宝，是每个父母的共同心愿。让宝宝拥有健康强壮的体魄，可以为他的美好人生打下坚实的基础。而且，妈妈在怀孕时进行适宜的体育锻炼，还可以促进胎儿的大脑及肌肉的健康发育，对胎儿出生后的运动能力有着直接的影响呢！妈妈们，为了你的宝宝能够更健康快乐地长大，从现在开始，就来对他进行运动教育吧！

（1）让游戏陪伴宝宝成长

游戏是借助于器材、玩具，通过模仿、想象、言语和动作等形式，主动、积极地反映现实生活的活动。宝宝们每天都要进行各种各样的活动，而游戏是他们的最爱。

父母应该根据宝宝成长的不同阶段，有意识地锻炼宝宝，以提高他的运动智能。而游戏是非常有效的方式，因为游戏可以为宝宝提供大量的动作经验，比如跑、跳等，而且为身体的平衡、协调等提供了不同的训练机会，协助宝宝全面性地发展与生俱来的肢体运动能力。

（2）在户外运动中强健体能

让宝宝在唱歌、跳舞中运动身体，不失为一个好办法。做体操是学龄宝宝的必修课，宝宝做体操不仅可以促进血液循环，还能促进骨骼、肌肉的发育，让宝宝快快长高！

等宝宝长大一点，就可以转向户外运动了。4至8岁是宝宝学习游泳的最佳年龄。宝宝学游泳时，通过练习憋气，可以使宝宝的肺脏机能得到充分锻炼，使抵抗呼吸道细菌和病毒的能力增强，从而减少感冒发生，同时还能训练宝宝的平衡能力和身体的协调能力。教宝宝踢足球，不仅能锻炼宝宝的腿部肌肉和平衡能力，还能培养宝宝活泼的性格，是一项大有裨益的运动哦！